BIOGRAPHIE

DU

DOCTEUR COINDET

MÉDECIN PRINCIPAL DE PREMIÈRE CLASSE,

Membre de la Société médicale des hôpitaux et de la Société médicale d'émulation
de Paris, de la Société de médecine de Strasbourg, etc.,

Officier de la Légion d'honneur et de l'ordre impérial de Guadalupe,

Décoré des médailles commémoratives des campagnes de Crimée et du Mexique ;

SUIVIE D'UNE ANALYSE DE SES OUVRAGES

Par M. DIDIOT,

MÉDECIN PRINCIPAL DE PREMIÈRE CLASSE,

Secrétaire du Conseil de santé des armées.

PARIS

LIBRAIRIE DE LA MÉDECINE, DE LA CHIRURGIE ET DE LA PHARMACIE MILITAIRES

VICTOR ROZIER, ÉDITEUR,

75, Rue de Vaugirard, 75,

Près la rue de Rennes.

1871

BIOGRAPHIE

DU

DOCTEUR COINDET

MÉDECIN PRINCIPAL DE PREMIÈRE CLASSE,

Membre de la Société médicale des hôpitaux et de la Société médicale d'émulation
de Paris, de la Société de médecine de Strasbourg, etc.,

Officier de la Légion d'honneur et de l'ordre impérial de Guadalupe,

Décoré des médailles commémoratives des campagnes de Crimée et du Mexique;

SUIVIE D'UNE ANALYSE DE SES OUVRAGES

Par M. DIDIOT,

MÉDECIN PRINCIPAL DE PREMIÈRE CLASSE,
Secrétaire du Conseil de santé des armées.

PARIS

LIBRAIRIE DE LA MÉDECINE, DE LA CHIRURGIE ET DE LA PHARMACIE MILITAIRES

VICTOR ROZIER, ÉDITEUR,

75, RUE DE VAUGIRARD, 75,

Près la rue de Rennes.

—

1871

BIOGRAPHIE

DU

DOCTEUR COINDET

MÉDECIN PRINCIPAL DE PREMIÈRE CLASSE,

Membre de la Société médicale des hôpitaux et de la Société médicale d'émulation
de Paris, de la Société de médecine de Strasbourg, etc.,

Officier de la Légion d'honneur et de l'ordre impérial de Guadalupe,

Décoré des médailles commémoratives des campagnes de Crimée et du Mexique;

SUIVIE D'UNE ANALYSE DE SES OUVRAGES

PAR M. DIDIOT,

MÉDECIN PRINCIPAL DE PREMIÈRE CLASSE,
Secrétaire du Conseil de santé des armées.

Le corps de santé militaire vient de faire une perte aussi regrettable qu'inattendue. Monsieur le médecin principal de 1ʳᵉ classe Coindet a succombé, le 24 janvier dernier, à la blessure dont il avait été fatalement atteint deux jours auparavant lors d'une émeute sur la place de l'Hôtel de Ville. Le coup funeste qui frappe sa famille sera particulièrement ressenti par tous les membres de la médecine militaire dont il était l'un des plus dignes représentants et par tous les officiers de l'armée qui l'ont connu, et qui avaient pu apprécier ses excellentes qualités, son cœur généreux, et son zèle infatigable dans l'accomplissement de ses devoirs.

Nous voulons essayer d'être l'interprète de tous et nous acquitter pour nous-même d'une dette intime, en venant ici rendre un juste hommage à sa mémoire et retracer en quelques mots la carrière distinguée de celui qui fut notre collègue et notre ami.

Coindet (Léon-Alexandre-Hippolyte), médecin principal de 1re classe, officier de la Légion d'honneur, est né à Orchies, dans le département du Nord, le 2 mai 1828.

Après avoir fait de bonnes études au collége d'Avesnes, il quitta cet établissement pour aller chez son frère Edouard, alors chef d'institution à Dreux (Eure-et-Loir) qui le prépara au bacchalauréat. Reçu bachelier ès-lettres à l'âge de 17 ans, il entra l'année suivante, en 1846, à l'hôpital militaire d'instruction de Lille et passa, en 1848, à l'École de perfectionnement du Val-de-Grâce, à Paris.

Nommé chirurgien sous-aide le 25 septembre 1849, et désigné pour les ambulances de l'Algérie, il y séjourna près de deux années consécutives pour revenir ensuite aux hôpitaux de Versailles (1851) et du Val-de-Grâce (1852) y compléter les études indispensables pour l'obtention du diplôme de docteur en médecine et du grade de médecin aide-major de 2e classe.

Il servit dans son nouveau grade à peine une année, au 29e régiment d'infanterie, qui tenait alors garnison dans le nord de la France ; et c'est sur sa demande qu'il obtint de retourner aux hôpitaux de l'Algérie où le rappelaient sa grande activité et son ardent désir de perfectionner son instruction professionnelle sur un théâtre plus favorable à l'observation et à l'expérience.

Il était employé à l'hôpital de Constantine, lorsque, dès le début de la guerre d'Orient, il fut attaché au 7e bataillon de chasseurs à pied qui devait faire partie du corps expéditionnaire. D'après les témoignages de ses chefs militaires, pendant toute la durée de la mémorable campagne de Crimée, Coindet sut se faire remarquer par son savoir, par son zèle et son dévouement. Tant au camp de Maslak, près de Constantinople, alors que régnait le choléra, que dans les tranchées devant Sébastopol et aux avant-postes après le siége de cette ville, il s'acquitta toujours, avec un dévouement des plus éclairés, du service pénible qui lui fut confié. Il s'était d'ailleurs tellement attaché à la destinée de son bataillon, qu'après son retour en France, il put établir la relation *médico-chirurgicale* de la part qu'il avait prise à l'expédition, *avec des considérations sur les maladies des Tartares*. La seconde partie de ce travail qu'il a adressé au Conseil de santé en 1858, a surtout un mérite original.

Revenu en Algérie dès le commencement de 1859, il ne tarda pas à être promu médecin-major de 2e classe et chevalier de la Légion d'honneur.

Il était en 1862 médecin des hôpitaux de la division d'Oran lorsqu'on organisa l'expédition du Mexique. Il fallait un nombre déterminé de médecins instruits, courageux et capables de supporter une campagne pénible et de long cours, Coindet sollicita l'honneur d'en faire partie, et fut désigné comme chef de service d'une ambulance divisionnaire du corps d'armée. Pendant toute la période pénible de la campagne, il fit preuve d'une prodigieuse activité, et après que l'armée eût pris ses cantonnements à Mexico, il consacra les loisirs de sa nouvelle position à recueillir de nombreuses observations et à réunir les matériaux de l'ouvrage important qu'il se proposait de publier plus tard.

Le grade de médecin-major de 1re classe, celui de principal de 2e classe, la croix d'officier de la Légion d'honneur, et celle de l'ordre impérial de Guadalupe furent les récompenses successives du dévouement et du talent déployé par notre camarade dans cette longue et pénible campagne.

Comme médecin d'armée, il possédait de précieuses qualités pour la pratique de l'art au milieu des vicissitudes de la guerre. Il avait l'activité qui multiplie les efforts, et la force qui suffit à la plus rude tâche. D'un caractère ferme, il était d'une scrupuleuse exactitude dans l'accomplissement de ses devoirs, et il en exigeait autant de ses subordonnés ; mais toutefois sa rigueur sous ce rapport était toujours tempérée par une grande bienveillance qui lui gagnait tous les cœurs.

Esprit lucide et observateur, exact et scrupuleux, il avait la rédaction très-facile et ses lettres du Mexique à M. le médecin inspecteur Lévy, directeur de l'École de médecine militaire du Val-de-Grâce, qui ont été reproduites dans la *Gazette hebdomadaire de Paris*, comme sa volumineuse et intéressante correspondance avec son autre maître, M. le baron H. Larrey, et dont de nombreux extraits ont paru dans le *Recueil des mémoires de médecine militaire*, révè-

lent chez Coindet une rare aptitude aux travaux scienti-
fiques, même au milieu des courses incessantes de la vie de
campagne et des fatigues qui semblaient devoir absorber
toutes les forces de l'esprit et du corps.

Rentré en France au commencement de 1867 et attaché
à l'hôpital de Saint-Martin il s'occupa de coordonner tous
les matériaux d'un ouvrage sous le titre de : *Le Mexique,
considéré au point de vue médico-chirurgical*, relatant les
principaux évènements de la campagne de 1862 à 1867, en
donnant un aperçu des différents points des pays qu'il
avait parcourus.

Trois volumes avaient déjà paru, et il se disposait à publier le quatrième (1), lorsque la guerre avec l'Allemagne
venant d'éclater, il fut désigné pour faire partie de l'armée
du Rhin avec le grade de médecin principal de 1re classe,
auquel il avait été récemment promu (25 avril 1870) et en
qualité de médecin en chef du 7e corps d'armée.

Il partit plein d'ardeur, plein de zèle, heureux de retrou-
ver ses anciennes péripéties de la vie de campagne, et de
servir de nouveau sous les ordres d'un chef habile, le
général de division Douai, qui avait pu l'apprécier au
Mexique, et dont il était devenu l'ami. Il rejoignit à Belfort,
à la fin du mois de juillet, son quartier général qu'il suivit
jusque sur le champ de bataille de Sedan.

---

(1) Le 4e volume comprend la 3e partie qui est relative à la chirurgie.
Ce complément de l'œuvre de notre regretté camarade ne sera pas perdu,
espérons-le, pour sa mémoire et pour la science.

A la suite de la capitulation, après avoir supporté toutes les souffrances de l'armée, il se décida à rentrer à Paris quelques jours avant l'investissement et il reprit les fonctions importantes de son grade à l'hôpital de Saint-Martin, où pendant un intérim du chef de service, qu'il fut appelé à remplir, il témoigna de son aptitude administrative par les propositions et par les mesures d'hygiène les plus sages, pour l'état sanitaire de cet établissement.

Dans les moments de difficiles épreuves que nous avons eu à traverser, il resta toujours le même serviteur dévoué, toujours plein d'ardeur pour le travail; toutefois il ne se consola jamais de l'éloignement de sa jeune femme, tendrement aimée, qui avait dû se retirer à Arras dans sa famille au commencement de la guerre, et qu'il savait accouchée d'un fils dans le courant d'octobre.

Il s'applaudissait, à la vérité, d'avoir pu, depuis son retour à Paris, se soustraire aux ennuis de son isolement prolongé en allant habiter la même maison (1) que l'une de ses sœurs, qui savait l'entourer des soins et de la tendresse d'une mère. L'appartement faisait face à l'Hôtel de Ville, et le 22 janvier, au moment où commençait à s'agiter l'émeute sur la place et les rues avoisinantes, il fut frappé à côté de sa sœur, près de la cheminée de sa chambre à coucher, d'une balle meurtrière à la jambe gauche. Les désordres étaient considérables et la gravité de la blessure (lésion des artère et

____

(1) Avenue Victoria, 1.

veine poplitées, fracture du condyle externe du fémur) augmentée encore par l'abondance de l'hémorragie, était trop alarmante pour ne pas déjouer toutes les espérances de salut, malgré le savoir, l'expérience et le dévouement des chirurgiens ses amis qui lui prodiguèrent leurs soins.

Il avait traversé au milieu de leurs foyers le choléra, le typhus et la fièvre jaune sans la moindre atteinte, et, raffinement cruel de notre destinée, c'est une balle française qui a funestement tranché son existence dans la plénitude de sa vigueur !

Coindet avait à peine 42 ans. Victime partielle à jamais regrettable du jour le plus néfaste qui a marqué la fin de l'horrible crise dont la patrie française restera la victime immense, il est mort dans l'ignorance de nos dernières humiliations et de nos suprêmes angoisses.

Rien n'avait manqué jusqu'alors à la glorification de sa carrière si laborieuse et si dévouée, et Coindet, par de nouveaux services à la science et à l'armée, promettait de se rendre plus digne encore d'arriver au grade le plus élevé de la hiérarchie du corps de santé militaire.

Quel chagrin pour sa famille et pour ses amis ! Quelle douleur pour la digne femme qu'il avait associée à son existence ! Le cœur se serre, l'âme s'attriste, et du fond de la conscience effrayée s'élève une sorte de murmure contre les arrêts du sort. Bientôt, cependant, le souvenir de ce qu'il y a de fragile, de périssable en nous, le souvenir aussi de la fin, qui trop souvent est réservée aux hommes les plus recommandables par leurs services et leurs vertus, ces souvenirs adoucissent l'amertume des regrets et préparent à une plus grande résignation.

Les regrets de tous les officiers du corps de santé militaire resteront pour la mémoire de Coindet un témoignage de sympathie bien méritée. Tous ceux de l'armée de Paris que les obligations de leur service n'en ont pas empêchés, et, à leur tête, MM. les médecins inspecteurs, membres du conseil de santé, baron Larrey, Cazalas et Lustreman, ainsi qu'un grand nombre de médecins et de chirurgiens civils, se sont empressés d'assister à ses obsèques qui ont eu lieu, le 26 janvier, en l'église Saint-Merri.

On remarquait aussi dans le cortége un grand nombre d'officiers supérieurs de l'armée, et plusieurs hauts fonctionnaires de l'intendance militaire, MM. Danlion, intendant de la 1re division ; Blaisot, intendant chargé du service des hôpitaux ; de Rostang, sous-intendant militaire, etc., qui ont voulu témoigner par leur présence la part que l'administration de la guerre prenait à la douleur ressentie par le corps tout entier de la médecine militaire. Pendant la marche du convoi les cordons du drap mortuaire étaient tenus par deux médecins principaux MM. Cabrol, médecin en chef de l'hôpital de Saint-Martin et Didiot, secrétaire du Conseil de santé des armées, et par deux médecins des hôpitaux civils, MM. A. Guérin et Guibout, employés à l'hôpital de Saint-Martin depuis le commencement de la guerre.

Deux discours ont été prononcés dans le caveau mortuaire où a été déposé le cercueil, qui doit être transféré à Arras aussitôt que les circonstances le permettront. L'un de ces discours a été prononcé par M. le baron Larrey, médecin inspecteur, président du Conseil de santé des armées, l'autre par M. Cabrol, médecin principal de 1re classe, chef du service médical à l'hôpital militaire de Saint-Martin.

Nous reproduisons ci-après ces discours qui ont été écoutés avec un profond recueillement et avec la plus grande émotion qui témoignaient des sentiments de douloureuse sympathie qu'inspirait à tous la mort du médecin distingué auquel ils adressaient un éternel adieu.

DISCOURS DE M. LE BARON LARREY.

Messieurs,

Ce n'est pas ici le lieu, dans ce caveau mortuaire, ce ne serait même pas ailleurs, devant une tombe, le moment de prononcer un discours funèbre, lorsque la France entière est en deuil des malheurs de la patrie.

Je viens seulement, au nom de la médecine militaire, adresser un dernier souvenir et une parole d'adieu à l'un de ses plus dignes représentants, à celui dont l'existence fut consacrée au culte du devoir et dont la mort cruelle sera une longue douleur pour sa famille, un vif regret pour notre corps et une perte réelle pour l'armée.

Léon Coindet, médecin principal de 1re classe à l'hôpital militaire de Saint-Martin, officier de la Légion d'honneur, etc., était né, en 1828, à Orchies, dans le département du Nord. Entré, de bonne heure, au service, il avait parcouru rapidement les différents grades de sa carrière, à force de dévouement, de travail et d'activité.

Il comptait, à 42 ans, 25 années de services, et 16 campagnes, dont celle du Mexique tout entière.

Il avait publié de nombreux travaux de médecine et notamment un ouvrage en trois volumes, sur le Mexique, plein de recherches intéressantes sur l'histoire, la climatologie, la physiologie, la pathologie et l'hygiène de cette contrée.

Il alliait, comme médecin militaire, une grande aptitude scientifique au sentiment élevé du devoir, à un besoin d'activité constante, un talent d'un esprit organisateur et à la loyauté d'un caractère honnête.

Sa constitution robuste supportait toutes les fatigues et bravait tous les dangers, sans lui laisser pressentir qu'un jour, elle l'abandonnerait tout à coup, avec la vie.

Ni les campagnes d'Afrique, ni la guerre de Crimée, ni la longue expédition du Mexique n'avaient pu porter atteinte à cette vigoureuse organisation.

Il a suffi d'une émeute, devant l'invasion étrangère, et au milieu des calamités du siége de Paris, pour que le 22, janvier, un coup de feu égaré vînt atteindre notre pauvre camarade jusque dans son domicile et le blesser mortellement à la cuisse.

Il pouvait même périr de l'hémorragie abondante produite par une plaie de l'artère fémorale, si de prompts secours n'étaient intervenus pour suspendre par la compression l'écoulement de sang ; mais il devait fatalement succomber, avant le troisième jour de la funeste blessure, à la gangrène progressive du membre tout entier, sans qu'aucune opération de chirurgie fût praticable.

Notre infortuné camarade a eu, du moins, en cessant de vivre, la consolante illusion de pouvoir guérir, comme si son intelligence affaiblie eût méconnu, dans les dernières heures, tout le danger qu'il avait cependant pressenti au moment même de l'accident. Triste privilége de la fatalité qui tue, sans détruire toujours l'espérance !

Ainsi est mort, tout à coup, le 24 janvier, celui dont l'existence méritera d'être longuement racontée, parce que dans sa carrière, sitôt interrompue, il avait fait beaucoup, avec le mérite d'un homme de science et la valeur d'un homme de bien.

Adieu, cher Coindet, adieu brave camarade, au nom de tous les nôtres, présents ou absens. Repose ici, dans le calme de la paix, au milieu du tumulte de la guerre, en attendant que ta dépouille mortelle soit rendue à ton pays natal et à ta famille désolée.

DISCOURS DE M. CABROL.

Les souffrances et les fatigues supportées par les médecins pendant la guerre actuelle les éprouvent à la fois dans leurs forces et dans leurs sentiments sans abattre leur courage : tous, nous nous efforçons de remplir notre tâche de conservation contre les causes de destruction qui atteignent incessamment nos concitoyens et nos soldats.

Parmi les cœurs vaillants de ces héroïques combattants des maux présents, Coindet, médecin principal de 1re classe à l'hôpital Saint-Martin, placé à la tête d'un service considérable, se distinguait par une forte constitution physique, par un caractère ferme, calme et bienveillant à la fois, allié à un savoir médical qui complétait le praticien supérieur des hôpitaux de l'armée.

Il y donnait l'exemple de l'exactitude, du devoir et du dévouement inébranlable, prodiguant son expérience médicale et ses soins éclairés aux victimes de la guerre. C'était pour nous l'invulnérable médecin clinicien, le *doctus vir impavidus et fortis*, dans la mêlée hospitalière de ce mémorable siége de Paris.

Soudain, une nouvelle sinistre arrive jusqu'à nous; elle nous saisit de douleur. Dans la chambre même de notre confrère, en face de l'Hôtel de Ville, une balle égarée vient l'atteindre fatalement, traverse la cuisse et divise l'artère crurale.

Surpris chez lui par ce projectile meurtrier, il applique, aidé de sa digne sœur, lui-même le premier appareil voyant tout le danger; ses collègues accourent, le sang a coulé trop abondamment et malgré le secours des premiers chirurgiens de Paris, le cas est mortel; et cet homme, si robuste, succombe entouré des soins impuissants que ses amis et quelques membres de la famille lui prodiguent inutilement.

Sa jeune femme, près d'être mère il y a quelques mois, était partie chez ses parents, à Arras, pour y mettre au monde un fils, dont la nouvelle de la naissance apportée par pigeon il y a peu de temps, avait comblé le père de joie et de consolation après la perte d'un unique autre enfant l'année dernière. Le sacrifice de la séparation pénible alors, devient cruel maintenant !

Cette navrante douleur de famille rend toute consolation immédiate impossible; nous ne pouvons que chercher à l'adoucir en la partageant profondément.

Je suis sûr d'être l'interprète de tous les amis et collègues de Coindet, et j'ose dire de tous ceux qui ont connu ce triste événement, en manifestant ici nos regrets et la blessure de nos cœurs vivement émus de la fin tragique et prématurée de cette existence, et en faisant connaître la valeur de l'homme qui a été victime, dans l'un des jours néfastes du siége de Paris.

Ce fait si extraordinaire restera dans nos annales comme une sorte de signe du génie du mal, ayant frappé aveuglément un philanthrope et rappelant aux hommes aussi bien leur force que leur faiblesse.

Dans d'autres circonstances nous eussions eu à cœur de louer longuement notre camarade Coindet comme homme, comme savant et comme médecin militaire.

Je n'ai plus devant ce corps, inanimé aujourd'hui et si plein de vie il y a quelques jours, que le courage de lui adresser un dernier adieu.

Au nom de tous : adieu Coindet !

Un homme qui laisse de si belles traces de sa carrière parmi nous ne meurt jamais dans notre mémoire ni dans nos cœurs. Adieu !

LETTRE DU CONSEIL DE SANTÉ A MADAME COINDET.

MINISTÈRE
DE LA GUERRE.
—
Conseil de santé
des armées.

Paris, le 27 janvier 1871.

Madame,

En présence de l'immense douleur qui vous accable, le Conseil de santé des armées a à cœur de vous exprimer sa vive sympathie. Il se réserve de rendre hommage à la mémoire de votre cher mari, dont la mort trop malheureuse excitera les plus grands regrets dans le corps de santé militaire.

Veuillez agréer, madame, l'hommage de mon profond respect,

Le président du Conseil de santé,

Baron H. LARREY.

INDEX ET ANALYSE BIBLIOGRAPHIQUES

DES TRAVAUX ET OUVRAGES DU Dr LÉON COINDET.

1851

Considérations sur les fièvres de l'Algérie. Dissertation inaugurale.
Paris, 29 décembre 1851, in-4°, 28 pages.

1856

Études cliniques sur le choléra en Orient. Mémoire adressé au Conseil
de santé des armées, et classé dans les archives de sa bibliothèque.

1858

Recherches sur la nature, la cause et le traitement de l'héméralopie.
(Archives du Conseil de santé.)

*Relation médico-chirurgicale du 7e bataillon de chasseurs à pied en
Crimée, avec considérations sur les maladies des Tartares.* (Archives
du Conseil de santé.)

Observation d'un cas de mort subite. (Archives du Conseil de santé.)

Préceptes analytiques sur l'héméralopie. Brochure in-8° de 22 pages.

1859

Observation de blessure par le plomb de chasse. (Archives du Conseil
de santé.)

*Résultat sommaire d'expériences comparatives faites en 1854 à l'hô-
pital de Constantine, sur les effets thérapeutiques du sulfate de qui-
nine et du sulfate de cinchonine, dans le traitement des fièvres intermittentes.* (Archives du Conseil de santé.)

Quelques réflexions pratiques sur un cas de vaste plaie transversale de la région thyro-hyoïdienne. (In *Recueil des mémoires de médecine militaire*, 3ᵉ série, tome II.)

1862

Observation d'un cas d'angine diphtérique. (Archives du Conseil de santé.)

Lettres à M. le baron Larrey sur le service médico-chirurgical du corps expéditionnaire du Mexique, 1862-66. (Extraits in *Recueil des mémoires de médecine militaire*, 3ᵉ série, tome VII à XVII.)

Lettres à M. le médecin-inspecteur Michel Lévy, directeur de l'École de médecine militaire du Val de-Grâce. (Études médicales sur le Mexique.) In *Gazette hebdomadaire de Paris*, 1863 à 1865.

1867 à 1870

Rapports mensuels au Conseil de santé sur le service médical de l'hôpital militaire de Saint-Martin.

Le Mexique, considéré au point de vue médico-chirurgical 3 vol. in-8°.

Cet ouvrage est le résultat des longues et consciencieuses observations que l'auteur a faites pendant un séjour de plus de cinq années au Mexique.

Le premier volume traite surtout des altitudes dans leurs rapports avec la vie de l'homme ; on y trouve, comme introduction, un récit rapide des principaux événements de la campagne (1862-1867), l'attaque du 5 mai, la marche rétrograde sur Orizaba, les combats de la Barranca Seca, du Borrego, l'installation des hôpitaux et les fatigues de l'armée pendant cinq mois d'une expectation pleine de dangers ; puis après l'arrivée des renforts, la marche de la deuxième division sur les hauts plateaux. Ici se dessinent l'action, l'intervention protectrice du médecin, le tableau de son rôle important sur le champ de bataille, et de sa mission non moins importante près de l'autorité en ce qui concerne la santé du soldat. Jusqu'à Puebla, il n'y a guère que des affaires d'avant-postes, et pendant le siége de cette ville, chacun des faits de guerre im-

portants est rapporté avec ses conséquences militaires et chirurgicales.
On assiste ensuite successivement à l'arrivée des Français, des Belges,
des Autrichiens, dans la capitale du Mexique; à l'établissement de la
régence et de l'empire; au départ des troupes pour l'intérieur, et partout, depuis les Cumbrès jusqu'au Nord, le pays est décrit au point de
vue de ses productions, flore et faune. C'est un chapitre à peu près tout
nouveau, auquel s'ajoute bientôt un autre qui traite des mœurs et
coutumes des créoles, des métis, des Indiens, des étrangers, et qui n'est
pas moins digne d'intérêt.

Après quelques paroles d'éloge, de reconnaissance, d'affection pour
les vivants; de regrets, de souvenir pour les morts, le premier volume
se termine par un coup d'œil jeté sur les caractères, la civilisation des
tribus indiennes au Mexique; sur leurs migrations, leurs mouvements
à différentes époques de leur histoire. On y voit que ces migrations, ces
mouvements se sont toujours effectués du niveau des mers du côté des
hauteurs, où la population prit un développement qu'elle n'atteignit
jamais plus bas. Malgré les sacrifices humains dans lesquels on immolait
chaque année au moins 20,000 victimes, malgré les luttes, les guerres
sans fin, ce qu'il y a de remarquable, c'est que la population de l'Anahuac allait sans cesse en s'accroissant, en se multipliant, au point qu'elle
était de plus de vingt millions à l'arrivée des Espagnols. Montezuma
comptait trente vasseaux pouvant chacun mettre sous les armes
100,000 hommes. Dans les lettres de Cortez, de Bernal Diaz et d'autres
chroniqueurs, apparaissent à chaque instant des troupes de 40 à 50,000
soldats mexicains. Les villes étaient pressées les unes contre les autres :
Mexico avait plus de 300,000 âmes, Texcoco, 150,000, Aztapalapan, au
moins 60,000, Cholula, 150,000, etc.; et les historiens de la conquête font
le tableau le plus satisfaisant, sous le rapport de la force, de la vigueur,
des habitants qu'ils rencontrèrent sur le plateau des Andes. Ceci est
loin de parler en faveur de la non-possibilité de l'acclimatement à des
élévations de 2,000 mètres et plus.

La climatologie commence le deuxième volume, et l'auteur en fait
une étude aussi complète que possible au point de vue de la température, de la pesanteur atmosphérique, de l'hygrométrie, des vents, de la
pluie, de l'électricité, des orages, des phénomènes terrestres ou cé-
lestes, etc., à l'aide d'observations personnelles ou puisées à de bonnes
sources.

En ce qui concerne la température, M. Coindet fait remarquer qu'elle est en moyenne de 17° centigr. à Mexico, tandis que dans les Alpes centrales, à la même élévation, on n'a que 0°, et alors que, d'une part, la limite des neiges éternelles ne commence qu'à 4,300 mètres, d'autre part elle se rencontre à 2,708 mètres ; de sorte que l'expression de terre froide qui est appliquée à l'Anahuac, n'est que relative et en rapport seulement avec les conditions atmosphériques des contrées plus basses situées sous la même zône ; de sorte aussi qu'il est impossible de calculer, même approximativement, la température annuelle d'une station d'après son altitude ; et enfin, que, d'une manière générale, on ne peut grouper, par analogie, sous la dénomination de climat, les localités situées sous toutes les latitudes, en se basant sur le fait seul de leur élévation plus ou moins considérable au-dessus du niveau de la mer.

Entre la saison la plus chaude et la saison la plus froide, la différence de température n'est, à Mexico, que de 4 ou 5 degrés au plus. Les écarts les plus sensibles se montrent entre le soleil et l'ombre, entre le jour et la nuit. Les premiers vont jusqu'à 29 et 30 degrés, les seconds ne dépassent guère 14 ou 15. La chaleur moyenne du jour, dans les mois les plus froids, décembre, janvier, est encore de 13 à 14°, et dans les mois les plus chauds, mai, juin, elle ne va pas au delà de 20°. Les sommes de température moyenne annuelle sont, à bien peu de choses près, les mêmes. Les variations horaires sont parfois de 6, 7 degrés, et c'est ainsi que, dans le climat de Mexico, se trouvent réunis les caractères d'un climat constant et ceux d'un climat excessif.

La moyenne barométrique est de 0,5849 à Mexico, ce qui donne à peu près 2,270 mètres d'altitude et de 13,580 kilogrammes de pression à la surface du corps, au lieu de 17,580, comme cela s'observe à Paris. Les fluctuations ne dépassent guère 12 à 15 millimètres entre les hauteurs extrêmes. La variation diurne comprend deux maxima (neuf heures du matin, dix à onze heures du soir), et deux minima (quatre heures du soir, lever du soleil). Ce sont les jours couverts et nuageux qui montrent les plus petits écarts entre les maxima. Le second maximum est plus faible que le premier. De trois à cinq heures de l'après-midi, les courbes barométriques éprouvent parfois une espèce de rebroussement et comme une marche désordonnée. Les maxima barométriques correspondent aux maxima thermométriques.

L'humidité de l'air, dans les mois d'octobre, novembre et décembre, est d'environ 50° en moyenne, le point de saturation étant 100° ; jusqu'en mai, elle descend parfois jusqu'à 40°, pour remonter, vers la saison des pluies, jusqu'à 75°. Dans les mois les plus secs et sur les points où il n'y a ni lacs, ni ruisseaux, ni rivières, il n'est pas rare de voir l'hygromètre de Deluc descendre à 15°, et celui de Saussure à 42°. L'évaporation, on le comprend, est en rapport avec cette sécheresse et avec la pression atmosphérique.

La saison des pluies commence ordinairement vers la fin de mai ou les premiers jours de juin. Cette saison dure d'habitude jusqu'à la moitié ou jusqu'à la fin d'octobre, quoiqu'on la voie se prolonger parfois, mais rarement, jusqu'à la mi-novembre. Ordinairement, en juillet, il y a dix ou douze jours, quelquefois un mois d'interruption dans les pluies : c'est le *verano*. En dehors de la saison des pluies, il y a deux époques pendant lesquelles, ordinairement, il pleut quelques jours. C'est vers la fin de décembre ou au commencement de janvier et en avril. Les pluies commencent souvent par un orage épouvantable et des éclats de tonnerre. Il pleut presque tous les jours pendant la saison des pluies. Les pluies sont presque toujours accompagnées d'orages, si ce n'est vers la fin de la saison. Elles tombent ordinairement entre deux et quatre heures de l'après-midi, venant le plus souvent du N.-E., et les soirées sont fort belles. Après le dernier orage, qui est terrible, et que l'on nomme *despedida* (l'adieu), commencent, au lieu d'averses, des pluies fines qui n'ont plus d'heure fixe, qui sont petites et qui se continuent même pendant la nuit. Les averses (*aguaceros*), sont parfois accompagnées de fortes grêles, surtout vers la fin de la saison des pluies, et l'on a des grêlons de 1 jusqu'à 3 centimètres et plus. Vers la fin d'octobre et au changement de lune, il se produit une faible gelée qui chasse les pluies et les remplace par des brouillards. Les montagnes se couvrent de neige. Après les brouillards viennent les gelées plus fortes, c'est-à-dire de 2° et 3° au-dessous de 0° : la saison sèche est arrivée. Des tempêtes furieuses se déchaînent très-souvent dans la saison des pluies, et sont parfois accompagnées de trombes d'eau. Des éclairs, exclusivement au N. ou au S., sont indice de sécheresse ; alternativement au S. et au N., ils annoncent la pluie. La moyenne annuelle des pluies varie de $0^m,50$ à $0^m,90$. Vers la fin de la saison des pluies, la voie lactée commence à briller d'une manière extraordinaire, ce qui indique l'approche des gelées ; pendant les pluies, elle perd presque tout son éclat, quoique les autres étoiles conservent le leur.

Les vents sont peu stables; ils le sont plus dans la saison sèche que dans la saison des pluies. Ceux qui dominent sont ceux du N. S.-O,

S.-E.; tous les autres sont accidentels. N. en novembre, décembre; S. en janvier; S.-O. en février, mars, avril. Les S. O. et S.-E. sont plus humides que les N., et finissent toujours par amener la pluie, tandis que ceux du N. passent par le S. avant qu'il pleuve. Quelque direction qu'ils aient, les vents amènent le beau temps lorsqu'ils se fixent; une fois fixés, ils se lèvent vers midi et durent jusqu'à six heures du soir. Leur intensité varie, en moyenne, de la forte brise à l'ouragan. La moyenne est à peu près vent fort.

En raison de l'élévation du terrain, de la raréfaction de l'air, la déperdition de la lumière solaire est peu considérable sur l'Anahuac, d'où un ciel brillant, diaphane, limpide et lumineux. La couleur bleue en est souvent de 24° du cyanomètre de Saussure : ce qui prouve la facilité, la perfection avec lesquelles les vapeurs peuvent s'y dissoudre dans l'atmosphère.

La moyenne annuelle de la déclinaison de l'aiguille magnétique est considérée comme étant, dans la capitale, de 18°,30',13" à l'est. Les tremblements de terre diminuent d'intensité et de fréquence, etc., etc. Mais passons rapidement et arrivons à la physiologie.

Ici, après avoir décrit les principaux phénomènes qui se produisent lors de l'ascension, entre autres l'accélération de la respiration et de la circulation, qui ne devient manifeste qu'à partir d'une certaine hauteur, et qui est en quelque sorte proportionnelle à cette hauteur, l'auteur parle de ceux qu'on observe pendant les premiers temps du séjour sur les élévations qui ne dépassent guère 2,000 mètres. Nous y voyons qu'à l'activité organique qui résulte de la montée succède tout d'abord comme une sorte de trouble, des alternatives de haut et de bas. Puis, après un temps en rapport avec les conditions physiques propres à chaque individu, avec la constitution, l'âge, etc., les fonctions se régularisent, et *cinq mille* expériences ou observations prises, non-seulement sur l'étranger acclimaté ou non, sur le créole, le métis, l'Indien, mais encore sur le cheval, ont prouvé, comme faits essentiels : 1° que, dans une atmosphère raréfiée, une fois l'acclimatement produit et seulement alors, les inspirations, restant en relation avec les pulsations à peu près : : 1 : 4, sont plus nombreuses ou plus amples que dans des conditions contraires, de manière à faire passer par les poumons, dans un temps donné, une quantité d'air proportionnelle à sa raréfaction, et à fournir ainsi à l'hématose l'oxygène qui lui est nécessaire pour qu'elle ne perde pas sensiblement de son énergie, pour que la température du corps ne baisse pas d'une manière notable ; 2° que la diminution d'oxygène dans le sang n'est qu'un effet passager de la diminution de pression lorsqu'elle se produit rapidement, et que la rupture d'équilibre entre la pression extérieure et la tension des gaz inclus dans l'organisme n'est aussi que passagère; 3° que l'habitant des hauteurs a une taille plus petite que celui des plaines ; 4°que si, partout, il y a entre la circonférence thoracique et la taille tendance à un rapport sensiblement constant, cette tendance est bien plus prononcée encore en ce qui concerne le poids et la circonférence thoracique.

Ce sont là des résultats de l'action permanente de l'habitation, dont ne peuvent et ne pourront rendre compte des expériences faites au niveau des mers par un séjour plus ou moins prolongé dans des appareils *ad hoc*, même en ayant soin d'y entretenir un renouvellement constant de l'air ambiant dont le degré de pression demeure constant. Il est, du reste, dans la considération d'un climat, bien d'autres conditions que la diminution de pression, dont il faut savoir tenir compte, quand on envisage ce climat dans ses rapports avec a vie de l'homme; et il est évident, d'après ce que nous avons dit plus haut, que ces conditions ne peuvent être les mêmes à la même hauteur, dans les Alpes centrales, par exemple, que sur les Cordillières des Andes mexicaines. M. Coindet parle de ce qu'il a observé sur l'Anahuac, et il en résulte pour lui que l'acclimatement y est indubitablement possible pour l'individu comme pour sa descendance. Indépendamment de ce qu'il a rapporté à cet égard, relativement aux anciennes tribus indiennes, des recherches statistiques bien interprétées lui ont en effet démontré que, du chiffre de 4,683,680 en 1793, la population du Mexique était arrivée à celui de 8,604,000 en 1858. Avec l'addition de 113,000 habitants, correspondant aux provinces cédées aux Américains par le traité de Guadalupe, nous avons ainsi une différence de 4,033,320 ; c'est-à-dire que cette population s'est presque doublée en 65 ans ; et la France, avec ses immenses ressources et ses efforts pour répandre le bien-être sur toutes les classes, n'atteint qu'un progrès annuel de 5 pour 1.000. Quant à l'accroissement suivant les régions, ces mêmes statistiques ont fait voir que les États des hauts plateaux donnent, à population égale, une augmentation moyenne annuelle de 4,969 ; tandis que les autres Etats des niveaux intermédiaires et inférieurs n'en fournissent qu'une de 2,368. Nous y remarquons enfin que la race blanche s'est doublée, en 52 ans, à Mexico, dans une période de soulèvement contre la métropole, pen-

dant laquelle l'expulsion des Espagnols fut décrétée ; pendant laquelle
les guerres civiles acquirent un caractère de plus en plus sanguinaire et
destructeur; pendant laquelle eut lieu l'invasion des Etats-Unis, etc., etc.
nuit, s'accompagnent tout d'abord d'une réaction vive, mais de peu de
durée, en raison des efforts qu'elle exige ; d'où nécessité de s'en rendre
rapidement maître, surtout quand elles atteignent les organes respiratoires qui ont sans cesse besoin de toute leur intégrité, et qu'une alté-
ration ne peut atteindre sans entraîner bientôt des phénomènes as-
phyxiques.

L'évaporation qui s'opère d'une manière si constante à la surface des
muqueuses des premières voies y entretient un état d'excitation permanente, qui, à la moindre occasion, devient le point de départ d'afflux
sanguins, de congestions locales, de véritables inflammations. La sécheresse de l'air rend la diphtérie rare, bien qu'elle s'observe parfois. Sous
l'influence de la raréfaction de l'air, la poitrine fait des efforts plus
grands pour en introduire une plus grande proportion, et c'est ainsi
que l'emphysème vésiculaire se rencontre souvent sur l'Anahuac.

La phthisie, inconnue comme la syphilis chez les Indiens qui fuient
le séjour des villes, est rare partout sur les hauteurs, chez ceux qui
jouissent de conditions hygiéniques favorables. On ne l'observe que
dans la classe malheureuse, qui vit entassée dans des habitations
étroites, humides, mal aérées, mal éclairées, etc. C'est à peine si l'auteur en a rencontré quelques cas chez nos soldats. La prédisposition à
cette maladie semble s'éteindre sur l'Anahuac ; mais, une fois déclarée,
la tuberculose marche rapidement en raison des tendances congestion-
nelles et inflammatoires si fréquentes à Mexico, et en raison aussi de
l'obstacle permanent apporté au libre exercice de la respiration.

L'activité de la circulation rend assez communes les maladies du cœur
sous forme hypertrophique.

On remarque sur les altitudes du Mexique les mêmes tendances à la
diarrhée que sur les hauteurs d'autres pays chauds. Facilement curable
au début, cette affection, lorsqu'elle se prolonge ou se répète, entraîne
inévitablement l'anémie. Bien que les dyssenteries soient assez nombreuses et qu'elles fassent souvent des victimes, surtout chez les en-
fants, elles sont loin d'avoir la fréquence et la gravité que l'on observe
à des niveaux inférieurs.

Les maladies du foie se bornent généralement à la congestion, à la
phlogose et à l'abcès.

Les paralysies sont fréquentes à Mexico, par suite de congestions, d'hémorrhagies, de ramollissements cérébraux et rachidiens. Les flux hémorrhagiques ou simplement congestifs s'observent encore du côté de l'utérus, surtout au col, où ils produisent souvent, par suite de l'habitude fluxionnaire acquise, des engorgements avec ou sans granulations inflammatoires, avec ou sans excoriations ulcéreuses. Il n'est pas rare, chez les femmes débiles, que le défaut de contractibilité de la fibre utérine donne lieu à des hémorrhagies passives lors de la parturition. Les apoplexies se montrent surtout en automne, par suite de la transformation de la température, qui, depuis l'équinoxe, passe rapidement du chaud à un froid relatif, en même temps que la condensation de l'atmosphère succède brusquement à sa raréfaction. L'hiver s'annonce d'une manière graduelle; les sécrétions substitutives de la transpiration ont eu Les traitements barbares des premiers colons, les travaux forcés, la misère, l'abandon, etc., expliquent la diminution des Indiens, qui n'est pas exclusive au Mexique, et que l'on observe dans bien d'autres colonies espagnoles : la Confédération argentine, par exemple, comme le dit M. Martin de Moussy. L'absence de femmes européennes au début de la conquête, la préférence de la métisse pour le blanc rendent compte de l'augmentation des métis et de leur rapprochement rapide vers le type caucasien : résultat auquel on ne peut qu'applaudir, car le métissage entre races trop éloignées ne paraît à l'auteur donner tout d'abord que de mauvais produits, qui ont fait et qui font encore porter tant d'accusations plus ou moins méritées sur la valeur physique et morale des Mexicains.

L'acclimatement, qui s'effectue d'autant mieux que l'ascension est plus lente, plus graduelle, est soumis à des aptitudes de race, d'organisation, à des conditions de santé, de maladie, etc. ; mais ce qui lui est indispensable, c'est une bonne hygiène, et aujourd'hui, comme depuis longtemps, du reste : alimentation insuffisante, en qualité et en qualité ; abus des boissons alcooliques ; défaut d'exercice, qui entrave l'oxydation interstitielle ; épuisement ou perturbations du système nerveux résultant de l'organisation sociale, des mœurs, des habitudes ; intoxication vénérienne si fréquente et si grave, etc., etc , tout se réunit, indépendamment des influences pathologiques qui dérivent du sol, pour détériorer l'espèce, et pour la plonger dans un état de faiblesse, de langueur qu'on ne peut rattacher à la raréfaction de l'air, et que l'on considérerait à tort comme étant de l'anémie sans modifications dans la proportion des éléments solides et liquides du sang. L'anémie se montre, sur les hauts plateaux, au même titre et avec les mêmes caractères qu'au niveau des mers.

A la physiologie succède la pathologie, où nous voyons tout d'abord que c'est pendant les mois de juin, juillet, août, septembre, que les affections des voies respiratoires sont les plus rares et les moins graves. En été, il y a beaucoup de diarrhées, de dyssenteries, de maladies du foie, etc. ; la mortalité diminue en automne, en raison de la température qui est alors moins élevée, plus uniforme ; mais, à la fin de cette saison, les foyers d'infection, comblés par l'eau de la station antérieure, commencent à se dessécher, l'air se vicie, et la mortalité, plus grande, se continue pendant l'hiver, époque où les affections pulmonaires sont surtout communes. Au printemps, il y a passage assez violent du froid au chaud, les lacs, les rivières sont arrivés à leur minimum, laissant au contact de l'air de vastes dépôts de matières organiques ; et en mai, qui est remarquable par sa sécheresse, par sa haute température, la variole, la rougeole, la scarlatine, le typhus, les maladies nerveuses abondent, beaucoup entraînant un nombre plus considérable de décès qu'à toute autre époque. La saison des pluies est précédée de quelques jours par un temps lourd, pendant lequel la mortalité atteint son maximum.

Les affections inflammatoires qui tiennent surtout aux transitions brusques de température, au passage du soleil à l'ombre, du jour à la le temps de s'établir, et c'est ce qui rend compte pourquoi les mois de décembre, janvier, février, sont ceux qui en fournissent le moins.

Irritabilité et prédominance du système nerveux, électricité, changements de température, vents, régime anti-hygiénique, irrégularité de l'alimentation, abus des alcooliques, mœurs, coutumes, etc., etc., tout cela rend compte de la fréquence des maladies qui, idiopathiquement ou sympathiquement, attaquent les centres nerveux. Ses études sur l'aliénation mentale ont fait voir à M. Coindet qu'on ne rencontrait guère, à Mexico, qu'un fou pour 2,667 habitants, moins qu'à Naples, plus qu'à Saint-Pétersbourg. La folie est plus rare chez les hommes et les femmes mariées que chez les célibataires. Sous le rapport de l'âge, de 10 à 20 ans, on ne remarque que quelques cas isolés ; de 20 à 30, les cadres se remplissent tout d'un coup ; de 30 à 40 ans, il y a affluence, il y a foule ; de 40 à 50, le chiffre décroît. Eu égard au sexe, la prépondérance existe du côté du sexe masculin. Les fous sont rares chez les Indiens, où ils sont entourés d'un certain respect. C'est la classe des commerçants qui, dans l'ensemble de la population, en fournit le plus. C'est pendant la saison chaude que la folie se déclare surtout. Sa cause la plus fréquente est l'abus des alcooliques. Ses formes les plus communes sont la manie aiguë ou chronique, tranquille ou furieuse, continue ou intermittente, avec ou sans hallucinations, etc.; puis, les monomanies, surtout l'ambitieuse; enfin, la démence, les folies épileptiques, hystériques, hypocondriaques, le délire des ivrognes, les folies alcooliques. Le suicide est rare chez les Mexicains.

L'auteur examine les fièvres éruptives qui sont très-communes, surtout la variole, en raison de la rareté des vaccinations, et il arrive aux fièvres intermittentes. A cet égard, il dit que l'abaissement *relatif* de la température lui semble ici avoir plus d'influence que la nature du sol, des végétaux, que la raréfaction de l'air et les autres conditions climatologiques, pour faire perdre au miasme paludéen de son activité, de sa perniciosité, bien que ceci s'observe à un degré beaucoup moindre qu'on n'a voulu le prétendre, puisque, à n'en pas douter, la cachexie palustre se rencontre chez les Indiens, chez les métis, de même que les fièvres rémittentes qui ne manquent souvent pas de gravité. Plus de 700 observations prises à San-Luis de Potosi lui ont démontré : 1° Que les fièvres intermittentes se trouvent mieux, que les diarrhées et les dyssenteries contractées dans les terres chaudes du Mexique, du séjour des hauts plateaux ; 2° que les fièvres intermittentes, les diarrhées et les dyssenteries contractées dans les terres chaudes du Mexique éprouvent une amélioration réelle de leur transport sur les hauteurs, lorsqu'elles sont encore à l'état aigu, et que les forces du sujet ne sont pas sensiblement affaiblies ; 3° que le contraire a lieu lorsque ces affections revêtent déjà un caractère chronique, et ceci d'autant plus que l'état cachectique est déjà plus prononcé.

Le typhus des hauts plateaux, qui se rapproche autant du typhus *fever* des Anglais qu'il s'éloigne de notre fièvre typhoïde, prend sa source dans les foyers d'infection. Il se rencontre partout au Mexique, mais il n'est endémique que sur l'Anahuac. La raison en est qu'à des niveaux inférieurs les conditions climatériques permettent l'habitation dans des locaux mieux aérés, moins infectés, etc.; et que les ruisseaux, les rivières, les lacs y sont permanents ; tandis que sur les hauteurs ils se dessèchent à certaines saisons, laissant au milieu des villes et des villages de vastes dépôts d'immondices. Puis, le vêtement est plus léger, moins crasseux, la propreté plus grande d'une part que de l'autre, etc., etc. Enfin, dans d'autres régions, à des élévations au moins aussi considérables, le typhus ne se rencontre pas avec une hygiène meilleure.

La fièvre typhoïde, qui est rare sur l'Anahuac, s'y présente avec les mêmes caractères et les mêmes lésions que chez nous.

La fièvre jaune contractée à la côte se développe, mais ne se propage pas sur les hauteurs. Le choléra ne respecte aucun niveau ; cependant, plus les localités sont élevées, moins la mortalité est considérable.

Rien de particulier relativement au cancer, à la pustule maligne, au charbon. Tout en prenant en considération la vie en plein air habituelle au Mexique, constatons chez les animaux l'immunité relative sur l'Anahuac, pour les tubercules, la morve, le farcin. La rage est au moins très-rare. Il en est de même de la pellagre, si tant est qu'elle existe, malgré l'alimentation générale par le maïs, malgré l'existence du verdet et des autres altérations de cette céréale, etc. La sécheresse et la lumière vive de l'Anahuac rendent la scrofule peu commune avec une hygiène satisfaisante. La fréquence du goître n'est nullement en rapport direct avec l'élévation du sol. L'absence de tænia et de trichinose tient sans doute aux préparations que l'on a fait subir à la viande de porc, qui est rarement mangée sans être cuite. Le froid humide des nuits, surtout lorsqu'on le combat immédiatement par l'exposition des parties à une chaleur assez intense, donne assez souvent lieu à de l'artérite, et par suite à de la gangrène, que l'on observe parfois à la fin du typhus, et comme conséquence d'embolies artérielles qui ne sont pas rares.

La principale des maladies de la peau est la lèpre, dont on distingue trois formes : la tuberculeuse, l'anesthésique, la tachetée, et sur l'origine de laquelle on n'est pas bien fixé. Peu de gale malgré la malpropreté. Absence des différentes formes du sycosis dites parasitaires, par suite du manque de barbe chez les Indiens. Fréquence chez eux du pityriasis versicolor, etc.

Animaux venimeux nombreux, piqûres et morsures fréquentes, accidents mortels rares. Intensité de la lumière, réverbération solaire, tourbillons de poussière, ce sont là des causes nombreuses d'affections oculaires. L'air pur de l'Anahuac, rendu peu irritant par la faible quantité d'oxygène qu'il renferme, a une influence heureuse sur les plaies.

L'hygiène compose le troisième volume, et chacune des maladies que nous venons de passer rapidement en revue y est examinée au point de vue de l'influence du climat des hauteurs. C'est là le premier paragraphe des circumfusa. Le second traite des eaux. Nous voyons que celles des sources et des ruisseaux sont généralement caractérisées par leur limpidité, leur saveur fraîche et agréable, leur odeur nulle, l'absence presque complète de matières organiques, et une faible proportion de principes minéraux, bien que suffisante pour leur donner toutes les qualités d'une bonne eau potable. Celles des puits et des norias ont une saveur plus ou moins salée, et elles contiennent une assez grande quantité de chlorures et de sels de chaux pour les rendre peu propres au savonnage et à la cuisson des légumes. Celles des mares, alimentées directement par les pluies, ne contiennent que des traces de sels minéraux en solution. En revanche, elles renferment beaucoup de matières organiques et de terre en suspension. Convenablement filtrées et désinfectées avec du charbon, elles peuvent cependant fournir une boisson assez bonne. Dans le pays, on se contente de laisser déposer l'eau dans une suite de vases en terre, puis on la décante jusqu'à clarification à peu près complète. Les eaux des barrages, qui servent pour les irrigations, sont en même temps salubres et dans des conditions qui permettent de les employer pour l'alimentation. Il y a enfin des eaux alcalines, sulfureuses, ferrugineuses, etc.

Dans le troisième paragraphe, il est question du sol qui, par sa configuration, dit M. Chevalier, se trouve placé dans les meilleures conditions pour que la race européenne prospère, s'entoure des cultures qu'elle aime, des industries où elle excelle, et vive dans des conditions propices pour sa santé et l'exercice de ses facultés en tout genre.

L'Anahuac est un plateau constitué par d'immenses plaines qui paraissent être les bassins desséchés d'anciens lacs, et qui se suivent les unes les autres, n'étant séparées que par des collines qui ont à peine 200 ou 250 mètres au-dessus de la surface aplanie du fond. Le sol en est couvert presque partout de terre végétale argileuse très-favorable aux céréales, aux graminées ; et à l'intérieur, on y trouve des filons argentifères en nombre illimité.

Le quatrième paragraphe est relatif aux habitations particulières et aux édifices publics. La principale condition que doivent remplir les premières, c'est d'être assez spacieuses, assez bien ventilées pour compenser par la quantité la qualité de l'air respiré. Il en est ainsi dans l'intérieur des villes, mais nullement dans les faubourgs, ni dans les campagnes. Les égouts, les latrines, laissent partout beaucoup à désirer, de même que l'entretien, la propreté des places, des rues, des édifices publics.

Au chapitre des ingesta, nous trouvons parmi les boissons : 1° le *pulque*, boisson habituelle des Mexicains, que l'on tire du *maguey*, et dont on reconnaît plusieurs espèces; 2° l'*aguardiente*, qui provient de la distillation du *pulque*; 3° le *mescal*, que l'on se procure en faisant cuire, sous la cendre, la racine d'une des petites espèces de *maguey*, et en la soumettant ensuite au pressoir, d'où il s'écoule un miel qui, soumis à la distillation, donne la liqueur en question ; 4° le *tepache* commun, le *tepache de tumbiriche*, la *chicha*, la *chia*, le *pozole*, la *colonchi*, etc., etc. Au nombre des aliments, le plus usuel est le maïs, déjà peu nutritif par lui-même, et qui le devient encore moins par suite des préparations qu'on lui fait subir; de sorte qu'ingéré seul, sous forme de *tortille*, d'*atole*, comme il arrive le plus souvent, ou bien uni aux haricots (*frijoles*), aux piments (*chile*) il constitue une nourriture évidemment insuffisante.

A propos des excreta, il est surtout question des bains, dont on a toujours fait un assez grand usage sur les hauteurs. Les anciens Mexicains avaient des appareils particuliers pour prendre des bains de vapeur, dont ils se servaient dans beaucoup de maladies, et principalement dans les fièvres occasionnées par des arrêts de transpiration, dans les rhumes, etc. Les Indiennes y avaient et y ont encore recours après l'accouchement, comme ceux qui ont été blessés ou piqués par un animal venimeux.

Les applicata fournissent à l'auteur l'occasion de passer en revue les costumes indigènes, d'en examiner les avantages et les inconvénients, et de signaler les dangers de la nudité que l'on remarque non-seulement chez les Indiens, mais encore dans toute la basse classe, qui n'a d'ordinaire, pour tout vêtement, que des chapeaux de paille en ruine, des chemises tailladées, des *rebozos*, des *enagas*, des *calzones* effrangés, des *frazadas* festonnées et macérées dans la crasse, etc.

Quant aux percepta, l'auteur signale en première ligne l'influence des altitudes sur le sens de l'ouïe qui s'altère et se perd, pour peu que l'on soit déjà atteint antérieurement de dysécée. La vue exige que l'on prenne des précautions contre l'intensité de la lumière, contre les tourbillons de poussière, contre la sécheresse qui résulte de l'évaporation rapide des larmes, etc.

Les gesta, enfin, traitent de l'influence de l'exercice indispensable à l'entretien de l'activité fonctionnelle sur les hauteurs. La marche et le petit trot sont des allures favorables; mais la course précipitée et le galop entraînent rapidement, comme tous les efforts, l'essoufflement, la suffocation.

Avec le troisième volume s'arrête la partie médicale de cet ouvrage. Nous n'avons pu en donner qu'une esquisse rapide et très-incomplète, mais suffisante cependant pour en faire apprécier l'importance et la valeur. Nous pensons qu'il est inutile d'insister sur l'intérêt que présentent ces études d'un pays lointain dont le climat est si différent du nôtre.

Nous pouvons seulement assurer que, grâce à M. Coindet, aujourd'hui nous connaissons parfaitement le Mexique. Le tableau qu'en présente son livre est complet jusqu'aux détails, et tous trouveront à s'y instruire des laborieuses recherches de l'auteur.

La troisième partie qui doit comprendre la chirurgie formera le quatrième volume. Les éléments en ont été déjà préparés par notre regretté camarade, et nous espérons bien que ce complément de son œuvre ne sera pas perdu pour la science.

Paris.—Imprimerie de J. DUMAINE, rue Christine, 2.

PARIS. — IMPRIMERIE DE J. DUMAINE, RUE CHRISTINE, 2.